# Découvrez l'histoire par les archives de presse

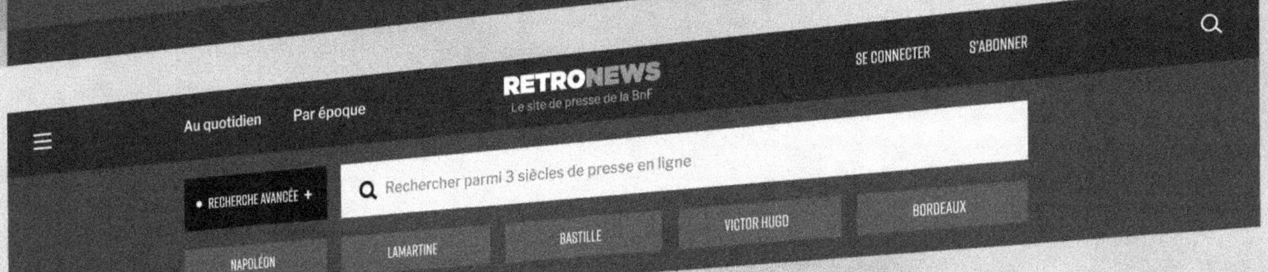

RETRONEWS

Le site de presse de la BnF

www.retronews.fr

DIEU PROTÈGE LA FRANCE !

7ᵐᵉ ANNÉE. — Nº 9     SEPTEMBRE 1916

# ANNALES DU DOYENNÉ
## DE
# PONTAILLER-SUR-SAONE
### Diocèse de DIJON (Côte-d'Or)

EGLISE DE PERRIGNY

Septième année     N° 9     Septembre 1916

# ANNALES DU DOYENNÉ
## de PONTAILLER-SUR-SAONE

### AU DELA DES FOYERS, DES TRANCHÉES
### ET DES TOMBES

Il y a une idée plus puissante que celle du foyer, c'est celle qui aboutit aux tranchées.

Il y a une idée plus puissante que celle des tranchées, c'est celle qui aboutit à la tombe.

Il y a une idée plus puissante que celle de la tombe.

C'est d'Ibsen que nous est venue la formule de l'individualisme à outrance « vivre sa vie ». Elle n'était que le dernier terme des nombreux avatars par lesquels avait passé la pensée politique et sociale pour se réaliser dans une action de pur égoïsme. Vivre sa vie, c'est opposer l'individu à la famille, l'indiscipline des instincts à la vie ordonnée du foyer, c'est détruire, autant qu'il est en soi, la vie organique de cette « cellule sociale » sur laquelle reposent les sociétés.

Chez les nations antiques et païennes, auprès desquelles il est curieux et ironique de chercher des leçons de vie sociale et de religion, l'individu n'existait qu'en vue du foyer, et le foyer qu'en vue de la patrie, et l'un et l'autre qu'en vue de la religion.

Il n'y avait de famille que là où il y avait un foyer permanent, et sur ce foyer, caché au plus profond de la demeure, un feu qui ne s'éteignait jamais. Ce feu était quelque chose de divin ; il était l'âme humaine divinisée par la mort, l'âme de ceux qui l'avaient allumé pour la première fois et avaient fondé le foyer, la survivance des ancêtres au milieu de la famille. Foyer éteint, famille éteinte, étaient des expressions synonymes chez les anciens. C'est cette idée de la tradition ordonnée et disciplinée par les mêmes rites religieux, envers les mêmes dieux, par les membres d'un même foyer, à travers les âges, qui a fait la sainteté et la dignité de la famille. Aujourd'hui, la pensée religieuse s'est haussée à l'idée d'un dieu unique, le même pour toutes les familles, ne repoussant aucune classe ni aucune race. Le Christ a consacré l'union de l'homme et de la femme en l'élevant à la dignité de sacrement et en la mettant au-dessus des atteintes des passions humaines. Il en a définitivement assuré la sainteté en proclamant son indissolubilité, et sa beauté toujours renouvelée par l'afflux régulier des secours invisibles qui lui permettent d'en remplir tous les devoirs. Les époux sont associés à l'œuvre créatrice de Dieu qui jette une âme vivante et immortelle, faite à sa ressemblance, dans les corps créés par eux, et la vie se continue, non plus seulement comme autrefois par la tradition des rites extérieurs, avec la pensée des ancêtres divinisés, mais sous le regard d'une Providence unique pour tous, avec les mérites bienfaisants d'un Rédempteur, en vue d'un idéal religieux à réaliser, d'une immortalité heureuse à conquérir ; non pas celle que donne le fait seul de mourir, mais celle qu'assurent les efforts personnels et le libre jeu de toutes les puissances de cette âme pour s'unir à Dieu. C'est dans cet idéal religieux que se trouve la noblesse du mariage chrétien et la sainteté du foyer.

Il semble que là se trouve le dernier terme de toute affection humaine dans l'idéal commun : le père, la mère et les enfants, unis pour une même tâche, avec les mêmes traditions, dans une même tendresse. Mais le foyer n'est que la petite patrie ; au delà se dresse, plus exigeante et plus puissante, l'image de la grande, pour laquelle, à une heure solennelle, il faut tout quitter.

La patrie, c'est la terre des pères, *terra patria*. Ce n'est pas seulement le sol, car alors seulement se lèveraient pour en défendre le coin envahi ceux qui le verraient occupé par l'ennemi, c'est encore et surtout la terre du passé. L'ennemi, c'est vraiment l'étranger, celui qui est étranger à son idéal, à ses traditions, à ses biens, à ses droits, à sa foi et à son dieu. « Terre sacrée de la Patrie » disaient les Grecs, « Amour sacré de la Patrie » chantons-nous nous-mêmes. La patrie, c'est l'ensemble des foyers avec leurs traditions et la suite des ancêtres. Aujourd'hui, comme autrefois, attaquer la patrie, c'est attaquer ce qui fait leur grandeur et leur solidité, ce qu'ils ont créé avec leur pensée, ce qu'ils ont développé avec leur énergie, ce qu'ils ont continué avec la production de la vie, ce qu'ils ont aimé avec leur âme religieuse ; la patrie, c'est l'âme de leur âme ; en combattant pour elle, c'est combattre vraiment *pro aris* et *focis* et le patriotisme n'est pas seulement une vertu sociale, elle devient une vertu religieuse ; pour nous, comme pour les anciens, l'amour de la patrie est de la piété.

On s'explique mieux alors que de tous les foyers, chaumières et châteaux, s'élancent pour combattre l'étranger, ceux que ne peuvent plus retenir le sourire des enfants, un siège de député ou la douceur de vivre. Il y a plus haut que vivre, c'est de bien vivre selon l'ordre et l'idéal. Aussi voit-on mêlés dans un même sentiment très élevé la multitude des fils du peuple qui portent une noblesse sans nom et sans fortune comme le sous-lieutenant Auguste Marchand, avec des littérateurs de talent comme Péguy et Lotte, avec des prêtres comme les capitaines Gibas et Voisard, prêtres aux tranchées comme à l'autel, avec des bourgeois comme Augustin Cochin, avec des députés comme Driant ou comme le duc de Rohan, « dont les annales séculaires se confondent avec celles de la Bretagne et de la France ». Ceux-là ont quitté le foyer pour aller aux tranchées, et ces tranchées sont devenues leurs tombes. Par de là le dévouement à la patrie, ils ont vu se dresser la preuve suprême du dévouement et ils ne se sont pas refusés à la tâche ; le point de départ ne leur cachait pas le point d'arrivée, et dans leur tâche religieuse autant que patriotique, l'amour a été plus fort que la mort, parce que, quelque glorieuse qu'elle soit, il y a quelque chose de plus puissant que la tombe.

Tout ce qui précède la tombe n'est qu'épreuve et expiation, pour les nations comme pour les individus. Dieu qui exerce la justice punit et récompense les uns et les autres, selon qu'ils se détournent de leur fin ou qu'ils y rapportent tout. Pour les nations, que Dieu a faites guérissables, mais non pas immortelles, elles réalisent sur cette terre leur complète destinée ; elles jouissent de l'ordre et de la paix, quand elles sont fidèles à Dieu, elles subissent l'épreuve quand elles s'en éloignent. Pour les individus, leur vie est ordonnée au delà de la tombe ; en deçà, c'est la mort, au delà, c'est la vie, et c'est dans cet au delà, qui domine le plaisir de vivre, les joies du foyer, le sacrifice pour la patrie, que se trouve pour l'individu la réalisation parfaite de l'idéal entrevu et le motif le plus puissant de supporter la vie mortelle ou ce que saint Augustin appelle la mort vivante.

Nous touchons ici au plus haut sommet de l'idée religieuse. C'est l'apôtre saint Paul qui en a trouvé la formule la plus pleine, quand il a dit : « *Cupio dissolvi et esse cum Christo, je désire ardemment voir mon corps dissous, pour que mon âme soit avec le Christ.* » C'est la parole d'un des meilleurs soldats du Christ, qui a travaillé de nombreuses années pour lui et supporté pour lui les épreuves les plus diverses ; elle porte plus loin encore que l'amour de la patrie terrestre. Sans doute, le soldat qui meurt pour son pays, d'une mort chrétiennement acceptée, remplit la forme supérieure de la charité qui est de mourir pour ceux qu'on aime, et assure ainsi le salut de son âme. Mais, dans l'échelle des valeurs, l'amour de Dieu est supérieur à l'amour de la patrie et à l'amour de soi ; ils se rejoignent cependant l'un et l'autre sur ce sommet où mourir pour son idéal patriotique, c'est mourir pour le droit qui est absolu, et comme il n'y a d'absolu dans la réalité que Dieu, mourir pour sa patrie, c'est mourir pour son Dieu. Le vœu de saint Paul nous transporte bien au delà de la vie corporelle de l'individu, des intérêts de la famille ou des destins de la patrie. Il nous place en face du bonheur vrai, entrevu ici-bas et jamais possédé, auquel notre corps fait obstacle par le poids lourd qu'il impose à notre âme ; il chante la libération des misères de cette vie par l'union avec le Christ. En face de la tombe, à l'arrière ou au delà des tranchées, se dresse l'image du Christ Rédempteur mourant pour les fautes de l'humanité et nous ouvrant toutes grandes les portes de la plus grande patrie, réalité divine, où l'âme aspire à entrer de toutes ses énergies pour posséder le gain total du jeu de la vie mortelle, *mori lucrum* ; passer par la mort pour être avec le Christ dans la vie.

C'est le dernier mot de l'idéal et la grande victoire.

E. D.

## Paroisse de Pontailler-sur-Saône

### ACTES RELIGIEUX

**Baptêmes**.

*Ont été faits enfants de Dieu et de l'Eglise :*

Le 23 juillet : Jean-Paul, né le 5 juin de Abel Bonaventure et de Marcelle Carteret. Le parrain a été Paul Cluny, la marraine Jeanne Jeanneret.

Le 16 juillet : Andrée-Paulette, née le 24 juin de Marcel Bodoignet et de Marie Guichet. Le parrain a été Claude-Auguste Guichet, la marraine Marie-Louise Garault.

Le 6 août : Marcel-Henri, né à Vichy le 12 juillet 1915 de Jean Dragaud et de Gabrielle Perrin. Le parrain a été Georges Thoret, la marraine Georgette Mathieu.

*Que Dieu leur garde toujours la grâce de leur baptême !*

**Mariage**.

*Ont été unis par les liens sacrés et indissolubles du sacrement de mariage :*
Le 16 août : Elie Marc et Marie Dullion.

*Bénissez, Seigneur, ces époux chrétiens !*

**Pain bénit**.

*Ont eu l'honneur de l'offrir :*

Le 16 juillet, la famille Sauvageot ; le 23, la famille Page ; le 30, la famille Cottin-Villet ; le 6 août, la famille Boiteux ; le 13, la famille Santona-Echaroux ; le 15 août, jour de l'Assomption, Mlle Madeleine Girardot, gardienne de la statue de la Sainte Vierge pendant le temps de la guerre.

**Nos soldats**.

**Communion des enfants**. — Le 30 juillet a eu lieu dans notre paroisse, en union avec toutes les paroisses du monde, la communion des enfants demandée par Notre Saint Père le Pape pour obtenir la fin de la guerre, la victoire et la paix. Une quarantaine d'enfants, dont beaucoup faisaient leur communion privée, apportèrent au Christ eucharistique la naïveté, la droiture, la simplicité de leur âme tant aimée par Lui. Beaucoup de parents avaient voulu s'associer à cette démarche si touchante. Espérons que le bon Dieu accueillera favorablement la prière de ces petits et nous accordera, grâce à leur intervention, le succès de nos armes et la fin de cette dure épreuve.

Les diverses paroisses de Rome amenèrent aux pieds du Souverain Pontife les enfants qui, ce jour, avaient fait la sainte communion. Le Pape leur a adressé les paroles suivantes, pleines de tristesse, de bonté et d'espérance :

« Depuis deux longues années, des hommes qui ont été autrefois innocents et pleins d'amour comme vous et qui ne sont plus ni innocents ni pleins d'amour, se déchirent et se massacrent.

« Votre cœur, doux par nature et paisible comme celui de Jésus ; votre imagination, faite pour les images joyeuses et non pour les scènes horribles, n'embrassent pas l'ampleur des dévastations que l'homme a causées à l'homme.

« Quelques-uns d'entre vous, peut-être, ont recueilli un écho plus vif du conflit par les membres de leur famille qui y participent, mais à la plupart d'entre vous échappe la compréhension du terrible spectacle, et il suffit à votre intelligence de recueillir maintenant l'idée qui mûrira plus tard, à la lumière de l'histoire, que vous êtes aujourd'hui les spectateurs de la plus sombre tragédie.

« Nous, au contraire, père de tous les fidèles, depuis deux années Nous souffrons, Nous exhortons, Nous prions, mais Nos exhortations à déposer les armes et à chercher un règlement par les voies de la raison et de la justice étant restées vaines, Nous avons décidé de recourir à des invocations au secours divin par le moyen omnipotent de votre innocence, espérant que le prodige des fils d'Agar se renouvellera. »

**Indulgence de la Portioncule**. — Soixante personnes ont tenu à gagner cette indulgence plénière pour elles-mêmes et pour les soldats défunts, le 2 août, jour anniversaire de la déclaration de guerre. Cette marque de solidarité chrétienne dans l'épreuve touchera le cœur de Dieu et amènera la fin de l'expiation. Le soir, un salut solennel, avec exposition du Très Saint-Sacrement, groupait auprès de l'autel un nombre imposant de fidèles. La prière fut fervente et utile à nos soldats.

**Fête du Bienheureux Curé d'Ars**. — La même foule empressée se retrouvait, le 4 août, dans notre chapelle pour fêter le saint Curé, protecteur de notre paroisse. La fête coïncidait avec le premier vendredi du mois. De nombreuses communions, faites à l'intention des soldats, les garderont de tout mal et leur permettront de lutter avec vaillance pour obtenir la victoire. Huit jours après, nous fêtions sainte Philomène, la petite sainte, dans la même chapelle où on la vénère depuis près de 80 ans. Nous lui avons recommandé toutes les âmes de la paroisse, si durement secouées par toutes les épreuves de la guerre, et nous lui avons demandé de les garder fidèles à Dieu et à l'Eglise.

**Fête de l'Assomption**. — Cette fête a été célébrée très pieusement par tous les fidèles ; les communions ont été nombreuses, l'assistance aux divers offices très recueillie. Nous avons prié avec ferveur la bonne Vierge pour tous nos soldats, en nous souvenant que notre roi Louis XIII lui avait consacré la France qui, par cet acte officiel, est devenue le royaume de Marie. Nous redisons, avec ces voix de jeunes filles qui l'ont si bien chanté : Vierge sainte, au milieu de vos jours glorieux, n'oubliez pas les tristesses de la terre... donnez à tous l'espérance et la paix.

**Promotion**. — Notre vaillant sous-directeur de *la Pontiliacienne*, Gédéon Foglia, vient d'être promu au grade de sous-lieutenant, le 3 août, après avoir pris part aux durs combats de la Somme. Belle récompense de sa vaillance. Nous lui offrons nos félicitations et nos vœux.

**Blessés**. — M. **Charles Maldant**, décoré de la Croix de guerre, a été blessé au genou devant Verdun.

— « J'ai été blessé le 20 juillet à Estrées, nous dit M. **Henri Gaudiot**. Ma compagnie avait donné l'assaut à 7 heures du matin, mais nous avions progressé trop rapidement — mon escouade tenait déjà un canon de 120 — et les autres compagnies n'avaient pas suivi. Aussi nous fûmes presque cernés et ce fut un peu la lutte à mort. Tout à coup je reçus une balle au côté droit qui me fit trébucher ; presque au même moment j'en recevais une au côté gauche, je fus obligé de tomber, et en même temps je reçus une éraflure de balle au menton, superficielle heureusement... Maintenant que j'ai été opéré, il y a bien plus d'espoir. Je ne suis encore guère costaud, mais je commence à manger à peu près du solide et cela va mieux. »

Nous offrons à ces braves, dont le courage est si solide et le moral si élevé, nos souhaits de prompt rétablissement.

**Mort au Champ d'honneur.** — Nous apprenons avec tristesse et avec fierté la mort au champ d'honneur d'**Auguste Marchand**, ce héros de chez nous, si brave et si ingénieux, qui avait pris part à tous les combats de la grande guerre et y avait gagné, galon par galon, le grade de sous-lieutenant, la croix de guerre à deux palmes et une étoile, la croix de Saint-Georges et la médaille militaire. Un obus a frappé en plein corps ce vaillant le 1ᵉʳ août, devant Verdun : il n'était âgé que de 25 ans. Nous aurons devant Dieu un souvenir très pieux pour ce courageux soldat et nous demanderons au Maître de la vie de lui donner les joies et la paix de son Paradis !

# Paroisse de Binges

### ACTES RELIGIEUX

**Sépulture.** — *A reçu les honneurs de la sépulture chrétienne :*
Le 9 août, Renée Garot, décédée la veille, à l'âge de 11 ans.

*Donnez-lui, Seigneur, le repos éternel !*

**Pain bénit.** — *Ont eu l'honneur de l'offrir :*
Du 16 juillet au 15 août, les familles Commeaux-Brulard, veuve Laurent, Alexandre Laurent, Mouillot-Guelaud, Godot.

**Tableau d'honneur du catéchisme.** — (15 juillet 15-août). — *Grand catéchisme :* Henriette Brulard, Edith Masson, Blanche Boulangé.
— *Petit catéchisme :* Albert Gradelet, Georges Lhuillier, André Brulard ; Marie-Louise Mouillot, Odette Bouhin.

La liste est courte. Il faut encore rappeler que l'assistance aux offices du dimanche doit être *très régulière*, même pendant les vacances, et que le règlement du catéchisme prévient très justement que les enfants du grand catéchisme qui ne seraient pas fidèles à ce devoir ne sauraient être admis à la première communion solennelle. Quel espoir en effet de voir les enfants mener plus tard une vie chrétienne, s'ils manquent dès maintenant à un devoir essentiel de chrétien ?

Grande est la responsabilité des parents qui non seulement négligent d'entendre la messe le dimanche, mais habituent leurs enfants à faire peu de cas de ce grave devoir, qui oblige dès l'âge de raison.

## NOS SOLDATS

**Disparus.** — Le dépôt du 60e d'infanterie a prévenu la famille de *Paul Noirot* que, d'après des renseignements reçus de la Croix-Rouge française, ce jeune soldat serait décédé, antérieurement au 20 mai, à la cote du Talou, près de Vacherauville (Meuse). L'avis de décès n'est pas encore officiel ; la date n'est guère précise ; mais cela s'explique par le fait que Paul Noirot est resté entre les mains de l'ennemi, et il n'y a malheureusement guère d'espoir que les renseignements de la Croix-Rouge soient erronés.

Avis officiel a été reçu de la disparition du caporal *Charles Champenois* depuis le 11 juillet.

**Prisonnier.** — Par contre, on a des nouvelles de *Germain Roblot*. Dès le 2 juillet, neuf jours après sa disparition, il prenait soin d'écrire à sa famille qu'il était prisonnier ; mais cette carte n'était envoyée par l'autorité allemande que le 27 et n'arrivait que le 3 août. Il y avait donc plus d'un mois que ce soldat était prisonnier ; il était au camp de Wahn, près de Cologne.

**Sous les drapeaux.** — *Paul Gradelet*, pris bon pour le service après avoir été d'abord ajourné, a été appelé au 8e cuirassiers à Tours ; il a rejoint le 11 août.

# Paroisses d'Heuilley et Maxilly

**Baptêmes.** — *Ont reçu le saint baptême dans l'église d'Heuilley :*

Le 6 mars : Ernest-Paul-Joseph, né le 27 février, fils de Joseph Clave et de Lucie Lucot. Parrain : Ernest Lucot, représenté par Charles Cournault ; marraine : Marie Clave.

Le 23 avril : Maurice-Charles-Joseph, né le 18 avril, fils de Charles Fanet et de Berthe Lanaud. Parrain : Auguste Doras ; marraine : Berthe Paupion.

Le 28 avril : Robert Montagnon, âgé de 11 ans, fils de Paul Montagnon et de Marie Cornot. Parrain : Auguste Doras ; marraine : Lucie Leblanc.

**Sépultures.** — *Ont reçu les honneurs de la sépulture ecclésiastique :*

Le 15 janvier : François Cornot, décédé muni des sacrements de l'Eglise, à l'âge de 74 ans.

Le 5 février : Marie-Sophie Legendre, femme Giclon, décédée à l'âge de 55 ans.

Le 18 mai : Jeanne Robe, femme Maugey, décédée subitement à l'âge de 81 ans.

Le 12 juin : Sophie Chrétien, femme Iscomte, décédée munie des sacrements de l'Eglise le 10 juin, à l'âge de 78 ans.

Le 7 juillet : Victorine Royer, veuve Moreau, décédée munie des sacrements de l'Eglise le 5 juillet, à l'âge de 75 ans.

Le 15 juillet : Marie Personne, en religion sœur Marie-Emile, décédée munie des sacrements de l'Eglise le 13 juillet, à l'âge de 73 ans.

**Nécrologie.** — Sœur Emile. Le samedi 15 juillet, la paroisse d'Heuilley rendait les derniers honneurs à la vénérable sœur Emile, de la Providence de Vitteaux, qui, pendant ces neuf dernières années, s'était dépensée avec un dévouement exemplaire aux soins de ses pauvres et de ses malades.

Sœur Marie-Emile, née à Bligny-sur-Ouche en novembre 1842, entra en religion en avril 1859 et fut envoyée à Flammerans, après sa vêture, en octobre 1860. L'année suivante, elle était transférée à Clamercy, canton de Précy-sous-Thil, en qualité d'institutrice adjointe à l'Ecole communale. Nommée institutrice titulaire en 1868, sœur Emile devait en exercer les fonctions pendant 38 ans, c'est-à-dire jusqu'à ce que la direction de l'école de Clamerey lui ait été officiellement retirée en septembre 1902, en exécution des lois de laïcisation, au grand regret des habitants de Clamerey. Les membres du conseil municipal tinrent à honneur de lui exprimer, au moment de son départ, individuellement et collectivement, leurs regrets et leurs sentiments d'estime et de gratitude dans une adresse où se lit ce bel éloge de toute une vie : « La population de la commune, dont ils se font les interprètes, n'oubliera pas les services éclairés qu'elle a rendus aux familles pour l'éducation de leurs enfants, et le dévouement avec lequel elle n'a cessé de se consacrer au soulagement des malheureux et aux soins des malades. »

A partir de ce moment, sœur Emile fut exclusivement employée aux soins des malades. Elle s'installa à Heuilley en 1907 et tout le monde a pu apprécier les qualités qui lui attirèrent partout tant de sympathie. Elle eut les vertus de son état, pauvreté, humilité et mortification, elle eut surtout celle qui semble être la vertu maîtresse des sœurs de la Providence, un admirable dévouement. Malgré une santé délabrée, malgré l'asthme qui la tourmentait jour et nuit, elle ne chercha jamais le repos ; toujours prête à s'oublier, elle se faisait toute à tous. Ce sera son meilleur titre auprès du Maître qu'elle a si bien servi sur la terre et qu'elle est allée rejoindre dans la vie éternelle.

*Donnez-lui, Seigneur, les joies de votre paradis !*

**Baptême.** — *A reçu le saint baptême dans l'église de Maxilly :*

Le 30 juillet : Marcel-Paul-Joseph, né le 6 août 1914 à Ivry-s./-Seine, fils de Gaston Corson et de Marguerite Moulin. Parrain : Joseph Thibault ; marraine : Pauline Corson.

**Sépultures.** — *Ont reçu les honneurs de la sépulture chrétienne :*

Le 14 février : Marie Tisserandot, née Boirin, décédée munie des sacrements de l'Eglise le 13 février, à l'âge de 79 ans.

Le 25 mars : Claude Chomont, capitaine-vétérinaire du troupeau d'armée, décédé subitement le 23 mars, à l'âge de 53 ans, présenté à l'église de Maxilly pour être inhumé à Cressanges (Allier).

Le 2 mai : Jean-Alexis Bergeret, décédé le 30 avril, à l'âge de 78 ans.

**Don à l'église.** — L'église de Maxilly a reçu deux superbes vases de fleurs, offerts par trois soldats, en reconnaissance à Notre-Dame de Lourdes.

## *Paroisse de Lamarche-sur-Saône*

### CHRONIQUE PAROISSIALE

**Baptème.** — *Est devenu par le saint baptéme enfant de Dieu et de l'Eglise :*

Le 16 août : Albert-Raymond, né le 1ᵉʳ mai, fils de Pierre Lenoble et d'Anne Ménelon.

*Parrain* : Albert Moniot. *Marraine* : Raymonde Gevrey, assistée par sa mère, domiciliée à Ghardaïa (Sahara français).

**Sépultures.** — *Ont reçu les honneurs de la sépulture ecclésiastique :*

Le 28 juillet : Jean Gruot-Bailly, décédé l'avant-veille, âgé de 89 ans 1/2, muni des sacrements de l'Eglise.

Le 3 août : Louis Laire-Baudry, décédé l'avant-veille, âgé de 73 ans, muni des sacrements de l'Eglise.

**Communions privées.** — Au matin du dimanche 30 juillet, répondant au désir exprimé par le Souverain Pontife en faveur du retour de la paix parmi les nations, dix-sept enfants de notre paroisse ont fait leur communion privée. Puissent leurs prières, unies à celles des milliers d'enfants de France qui ont compris pratiquement l'appel du pape, attirer sur nous les bénédictions du Dieu de la paix.

**Pain bénit.** — *Ont eu l'honneur de l'offrir les familles :*

Monin-Lardin, Veuve Viollon-Rousseau, Besançon-Maltet, Vadot-Déloge et Lamblin-Mathieu.

**Méfaits de la foudre.** — Dans l'après-midi du lundi 24 juillet, un violent orage, accompagné d'une averse diluvienne, s'est abattu sur notre village. La foudre est tombée sur l'un des deux clochers de notre église (côté ouest), faisant voler en éclats et projetant sur le sol les ardoises de l'une des arêtes de la flèche, du sommet jusqu'à la base. Au moment de l'accident, les témoins aperçurent un petit nuage de fumée ; mais, s'il y eut un commencement d'incendie, il dût être bien vite arrêté par la violence de l'averse.

Résultat : une nouvelle voie d'eau s'ajoutant aux multiples avaries de la toiture de notre église...

## *Paroisses de Montmançon et Saint-Sauveur*

**Saint-Sauveur.** — **Choses de guerre.** — Trois de nos jeunes gens, précédemment ajournés par les conseils de révision, viennent d'être appelés à rejoindre leurs corps. Marcel Saget, de la classe 1916, est incorporé dans l'infanterie, à Troyes ; Marcel Marin, de la classe 1916, est incorporé dans l'infanterie, à Cosne ; Lucien Pingeon, de la classe 1917, est incorporé dans l'infanterie à Nevers. Nos vœux de courage et de bonne santé accompagnent ces chers enfants pour lesquels, chaque jour, nous prierons comme pour leurs devanciers.

**Nécrologie.** — Nous avons appris récemment avec peine la mort de M. Paul Bourgeoiset, soldat au ... régiment d'          , qui a succombé à l'hôpital de Bar-le-Duc le 12 juillet 1916, à la suite de blessures reçues à la guerre aux environs de Verdun. Né à Cuiserey et baptisé à Bézouotte en novembre 1887, M. Paul Bourgeoiset passa plusieurs années de son enfance parmi nous. Il fit sa première communion à Montmançon, et reçut le sacrement de confirmation à Talmay, en mai 1898. Sa famille ayant quitté le Pont-Bernard, alla habiter quelques années à Magny-Saint-Médard, puis revint se fixer à Cuiserey. Nous offrons à Mme Vve Bourgeoinset et à tous les membres de sa famille nos chrétiennes condoléances et l'assurance de nos prières pour le repos de l'âme de son fils.

*Requiem æternam dona ei, Domine, et lux perpetua luceat eis* (300 j. d'ind.).

**Garde champêtre.** — Par arrêté de M. le Maire de Saint-Sauveur, agréé par M. le Préfet de la Côte-d'Or, M. Jean Dubois-Vion, manouvrier, a été nommé garde champêtre de la commune de Saint-Sauveur, en remplacement de M. Louis Poyé, démissionnaire. En cette qualité, M. Dubois a prêté serment à l'audience de la justice de paix du canton de Pontailler-sur-Saône.

---

✝

Souvenez-vous devant Dieu, et priez, s'il vous plaît, pour le repos de l'âme de
Mademoiselle Marie-Catherine TRAPET,
pieusement décédée, au presbytère de Montmançon, le 14 août 1916, dans la 52e année de son âge.

*De Profundis !*

---

**Montmançon**. — **Sépulture.** — Le 21 juillet 1916, a reçu les honneurs de la sépulture ecclésiastique, M. François Savariat, époux de Mathilde Voiret, décédé chrétiennement la veille, âgé de 59 ans.

*Requiem æternam dona ei, Domine, et lux perpetua luceat eis* (300 j. d'ind.).

Pendant un an, M. François Savariat sera recommandé aux prières du prône le dimanche, avec M. François Trapet, Mme Francis Baudry, née Joséphine Billot, et M. Pierre Sarrazin, sous-lieutenant, mort pour la France le 29 août 1914.

*Requiescant in pace !*

**Notre-Dame d'Etang**. — **Phalange.** — Le 16 juillet 1916, a été consacrée à Notre-Dame d'Etang et inscrite dans la Phalange : Marguerite Boisselier, de Saint-Sauveur.

**Confrérie**. — Quatre nouveaux membres de la confrérie de Notre-Dame d'Etang viennent d'être inscrits dans notre groupe : Mme Bathelier Jean, née Philomène Bassot, de Saint-Sauveur ; M. Pierre Virvaire, de Saint-Sauveur, soldat au front ; Mme Vve Lenoir, née Alexandrine Bollotte, de Trichères ; Mme Lenoir, née Marie Andriot, de Drambon. Notre-Dame veuille accueillir favorablement les nouveaux venus et protéger de façon spéciale le cher soldat qui s'est mis sous sa garde !

Notre groupe compte maintenant 68 associés dont 39 rattachés à Saint-Sauveur et 29 rattachés à Montmançon. Nous recevons 8 bulletins de la confrérie destinés à entretenir le culte de Notre-Dame dans le cœur de nos chers associés. Nous les prions instamment que ces bulletins circulent très régulièrement et aussi rapidement que possible.

**Pain bénit**. — *Il a été offert*, pendant le mois de juillet : 1° à Saint-Sauveur, par les familles : Pataille-Cugniet, Pingeon J.-B., Vve Cugniet, Mathé ; — 2° à Montmançon, par les familles : Chapuis, Chabeuf Léon, Tassin, Sarrazin, Cagniant.

# Paroisses de Perrigny-sur-l'Ognon et de Cléry

## CHRONIQUE PAROISSIALE

### Mort au Champ d'honneur.

Encore une nouvelle victime de la guerre, la deuxième de Cléry, petite commune de cent cinquante habitants ! Joseph Ruelle, depuis les premiers jours de la guerre, était en Belgique et avait fait Charleroi et l'Yser.

Rappelé de Belgique le 19 mai, il est tombé dans un assaut à la baïonnette le 22 mai à la cote 304.

Taillé en hercule, jouissant d'une santé de fer, Joseph Ruelle a dû faire payer cher sa vie aux Boches. Deux de ses frères sont actuellement à Verdun, dans l'artillerie lourde.

A la famille éplorée, nous offrons nos plus sympathiques condoléances.

D'autre part, nous apprenons avec la plus vive satisfaction la guérison complète de Barbier Joseph, également de Cléry, mitrailleur au 109° de ligne.

Joseph Barbier, avantageusement connu par l'aménité de son beau caractère, très bon soldat, a fait Sarrebourg, la Marne et l'Yser. Blessé en Alsace, il achève sa guérison à Revigny.

M. l'abbé Gay, infirmier à Gray, a quitté cette ville pour le front. Nos vœux l'accompagnent.

### Pèlerinage à Notre-Dame du Mont-Roland.

Le pèlerinage annuel du 2 août, à Notre-Dame du Mont-Roland, favorisé cette année par un temps splendide, fut une impressionnante manifestation de foi et de piété. Plusieurs milliers de pèlerins venus non seulement de Dôle, mais des paroisses voisines du Jura, de la Côte-d'Or, de Saône-et-Loire et de la Haute-Saône, arrivaient dès le matin de tous côtés et par tous les moyens de locomotion.

A dix heures la grand'messe était célébrée à côté de la Chapelle, à l'ombre des vieux tilleuls. La messe était dite par M. le Curé de Jouhe. De très nombreux prêtres y assistaient. Remarqués, dans la nombreuse assistance, MM. les Curés de Villers-les-Pots, Arc-sur-Tille, Orgeux, Perrigny-sur-l'Ognon.

Après la messe, le cantique *Notre-Dame de France* fut interprété par un chœur des mieux choisis.

A la sortie de la messe, tout le monde se disperse sur le mont pour dîner en plein air. Le spectacle est des plus pittoresques, sous chaque arbre, près de chaque buisson, le moindre coin d'ombre abrite une ou plusieurs familles qui prennent leur repas frugal.

A deux heures, les cloches sonnaient à toutes volées, et l'immense cour voisinant la chapelle ne tardait pas à être remplie par les pèlerins dont le nombre augmentait sans cesse.

Le sermon était donné par le R. P. Charrier de Lyon. En termes heureux et d'une voix claire, le distingué prédicateur fit l'historique de la dévotion à Notre-Dame du Mont-Roland, et en tira les conclusions relatives aux jours sombres que nous traversons ; avant la guerre, un journal allemand a blasphémé la Sainte Vierge, en annonçant que Notre-Dame de Lourdes n'arriverait jamais à guérir toutes les blessures faites aux Français par les grenadiers poméraniens ; la France a relevé la tête sous l'outrage, et c'est avec confiance que nous attendons de Marie l'aide nécessaire pour le triomphe final que nous espérons prochain.

Après ce beau sermon qui causa une vive impression, la statue miraculeuse de Notre-Dame du Mont-Roland fut portée en procession sur le Mont.

Cette procession, à laquelle prirent part des milliers de pèlerins, se termina par un salut solennel.

Bonne et sainte journée qui laissera un très doux souvenir à ceux qui eurent le bonheur d'y prendre part.

### Denier du Culte.

La quête du Denier du Culte se fera dans le courant du mois de septembre. Malgré les difficultés des temps, nous pensons que les offrandes de nos paroissiens seront plus généreuses que les années précédentes. Egalement, nous comptons sur un *sympathique accueil*.

Il est pénible de quêter, qu'on le sache et qu'on se le dise !!

### Baptême.

*A reçu le saint baptême :*

A Perrigny, le 16 juillet : Georges-Marie-Lucien Thevenet, né le 16 mars 1916, fils de Antoine Thevenet et de Anne Fourrot. Le parrain a été Alfred Fourot et la marraine Angèle Fourot.

Pain bénit.

*Ont eu l'honneur de l'offrir, du 15 juillet au 15 août :*

A Perrigny, les familles Boiteux-Garnier, Rouhey-Garnier, Veuve Legoux et Goustard-Ronot.

A Cléry, les familles Barbier Charles, Hudelot Alexandre, Barbier Justin, Barbier Emile et Guyot-Regnier.

Nos soldats.

La famille Robert-Garnier, [de Perrigny, subit elle aussi les terribles épreuves de la guerre. Leur fils Ro bert Auguste a été blessé grièvement à l'attaque de Cléry (Somme). Nos vœux de guérison.

# Paroisse de Talmay

## ACTES RELIGIEUX

**Pain bénit.** — *Pendant le mois dernier, le pain bénit a été offert par les familles :* Viard-Voinchet, Viard-Fleulôt, Gremeaux-Thomas, Perrin et Baron.

**Baptêmes.** — *Sont devenues, par le saint baptême, enfants de Dieu et de l'Eglise :*

Le 16 juillet, Alice-Léonie Robert, née le 14 juin. Le parrain a été Louis Poivre et la marraine Marie-Louise Robert.

Le 30 juillet, Madeleine-Jeanne Bouchard, née le 3 juillet. Le parrain a été Jean Goudard et la marraine Jeanne Durand.

**Sépultures.** — *Ont reçu les honneurs de la sépulture ecclésiastique :*

Le 10 juillet, André Folletet-Hudelot, décédé le 9, à l'âge de 17 ans, muni des sacrements de l'Eglise.

Le 4 août, Claude Sébille, décédé le 2, à l'âge de 60 ans.

Que Dieu leur fasse miséricorde !

**Nos soldats.** — Le 11 juillet, nous apprenions que Pierre Druoton, soldat au 217ᵉ d'Infanterie, 15ᵉ Cie, venait d'être blessé légèrement à la tête et au mollet.

Soigné dans un hôpital à Corbigny (Nièvre), il est aujourd'hui rétabli et jouit de quelques jours de permission dans sa famille en attendant de rejoindre son dépôt.

Le 1ᵉʳ août nous arrivait la nouvelle que Paul Louet, soldat au 27ᵉ régiment d'Infanterie, 7ᵉ Cie, était blessé à la jambe ; il est actuellement soigné à l'hôpital temporaire C de Chaumont (Haute-Marne). Nous faisons des vœux pour son prompt et complet rétablissement.

**Nos permissionnaires.** — Pendant le mois dernier, nombreux sont venus nos braves soldats revivre quelques jours la vie de famille. Citons : Paul Dumay, Paul Louet, Charles Druoton, Joseph Humblot, Auguste Petit, Louis Pagand, Louis Mugnier, Eugène Humblot et Emile Petit.

## Paroisses de Vielverge et de Soissons

### CHRONIQUE PAROISSIALE
(du 15 juillet au 15 août).

**Baptême**. — *Est devenu, par le saint baptême, enfant de Dieu et de l'Eglise :*

Le 30 juillet : Max-Louis, né le 20 juin, fils de Claude Morizot, charron, et de Anne-Marie Chapon. Parrain et marraine : Louis Chapon, des Granges d'Auxonne, et Lucie Morizot, de Soissons.

**Prières pour les défunts à Soissons**. — Le 30 juillet, fin des prières de Félix Thevenard-Legros, mort pour la France. — Le 6 août, commencement des prières de Jeanne Durafort, Vve Legros.

*Requiescant in pace !*

**Pain bénit**. — *Ont eu l'honneur de l'offrir :*

1° A Soissons, les familles Boudrot-Simon, Leblanc-Bonvalot, Durafort-Legros et Sommet-Déloge.

2° A Vielverge, les familles Echaroux-Fauverney, Echaroux-Lambert, Echaroux-Froissard et Paris-Legros.

**Nos soldats**. — Sept jeunes gens de nos deux paroisses, ajournés des classes précédentes, ont été trouvés bons pour le service armé. Déjà Maxime Sigaud a rejoint le 156e à Troyes ; les autres ayant obtenu un sursis comme agriculteurs, sont partis le 1er août. Paul Faivre est affecté au 4e Zouaves, à Rosny ; Louis Déloge, de Vielverge, au 60e de ligne, à Besançon ; Louis Déloge, de Soissons, est affecté au même régiment ; Marcel Bonvalot, au 171e, à Gannat ; Julien Bonvalot, au 3e bataillon de Chasseurs à pied, à Langres, et Emile Garnier, au 21e Colonial, à Ivry. Gilbert Couhier, du service auxiliaire, remplit les fonctions de secrétaire d'Etat-major.

Parmi nos hospitalisés, plusieurs, entre autres Félix Lerat et Jules Paris, ont déjà regagné ou vont regagner prochainement leurs dépôts : Victor Lambert, amputé de la jambe gauche, est soigné à Dinard-Saint-Enogat (Ille-et-Vilaine) ; Pierre Billot est évacué à Bussang ; Lucien Bony, qui porte encore sur lui cinq ou six éclats d'obus, est enfin définitivement réformé.

**Morts pour la France**. — C'est avec la plus grande peine que nous avons appris la mort de deux des nôtres. Eugène Thevenard-Sauvageot, de Soissons, et Félicien Royer, de Vielverge, sont tombés ces jours derniers au Champ d'honneur. L'un et l'autre ont fait courageusement leur devoir depuis le début de la guerre. En effet, Eugène Thevenard a été mobilisé *sur sa demande*. Quant à Félicien Royer, il s'était vu décerner la Croix de guerre après avoir été déjà blessé deux fois ; le jour même de sa mort, il était promu au grade de sergent. Honneur donc à ces braves jeunes gens et que leurs chers parents veuillent bien agréer, dans leur douleur, nos plus sincères condoléances.

Dans notre dernier numéro, nous annoncions la nomination de M. l'abbé

Voisard, qui commandait encore à Vielverge au mois de janvier dernier, au grade de capitaine. Il vient d'être tué par une grenade reçue en pleine poitrine le 31 juillet, près de Fleury, alors que fusil en main il essayait de ramener une section à l'attaque, et par ce mouvement, de préserver un bataillon menacé d'être tourné. Il était en congé de quelques jours dans sa famille, à Dijon ; apprenant que sa compagnie était appelée à marcher à l'attaque, il raccourcit de quelques heures sa permission afin d'être avec ses hommes au fort du danger. C'est au milieu d'eux que la mort est venue le trouver. Nous tous qui l'avons connu, nous aurons pour lui un souvenir dans nos prières.

**Citation.** — Le Général commandant la …ᵉ armée cite à l'ordre de l'armée :

La compagnie du 48ᵉ régiment d'Infanterie, sous le commandement du lieutenant Copen.

« Sous les ordres du lieutenant Copen, a exécuté un coup de main avec un tel entrain, une telle bravoure et une telle précision, qu'en quelques minutes, les tranchées allemandes ont été atteintes, nettoyées, l'ennemi laissant sur le terrain une cinquantaine de morts et entre nos mains 23 prisonniers et deux mitrailleuses. »

Au Quartier Général, le 19 juillet 1916.

*Le Général commandant la …ᵉ armée,*

Signé : R. Nivelle.

Cette glorieuse citation honore un des nôtres, Jean Déloge-Faivre, qui fait partie de la compagnie en question. Nous lui adressons tous nos compliments.

**Denier du Culte.** — Nous remercions les familles qui nous ont déjà apporté leur offrande pour le Denier du Culte. Nous prions celles qui ne l'ont point encore fait de s'acquitter de cette petite dette *dès qu'elles le pourront*, afin de permettre à l'administration diocésaine de pourvoir à toutes ses charges qui sont très lourdes ; personne ne peut l'ignorer.

**Dernières nouvelles.** — Au dernier moment on nous annonce la mort de Marcel Ponsot, tué aux environs de Verdun le 2 août. Nous nous associons du fond du cœur au chagrin de sa famille en pleurs.

Louis Collin vient d'être blessé assez gravement à la tête. Il est soigné à l'hôpital d'Amiens.

**La journée des prisonniers de guerre et la journée des Serbes,** à Vielverge, ont produit l'une 158 fr. 50 et l'autre 76 fr. 65, soit au total 235 fr. 15.

— La mort n'est pas une fin ; elle est un sacrifice à un principe supérieur à celui de la vie. Aucun sacrifice n'est inutile, même ici-bas. Ceux qui nous arrachent tant de larmes transforment notre race.

# Chronique Diocésaine

### Décès d'un prêtre-soldat.

M. l'abbé Henri-Alfred-François Voisard, né à Albertville (Savoie) le 5 novembre 1887, ordonné prêtre en 1913, vicaire à Beaune en 1913-1914, est mort pour la patrie près de Verdun, le 31 juillet 1916.

Au matin de ce jour, sur la pente Est du Ravin de Fleury, l'abbé Voisard, récemment promu au grade de capitaine au 210° d'infanterie, a été tué d'une balle en plein cœur au moment où, à la suite d'une nuit tragique de bombardement, il essayait, fusil en main, de ramener une section à l'attaque, et de préserver ainsi un bataillon menacé d'être tourné. Son commandant, qui l'estimait beaucoup, avait exprimé le désir de lui réserver, pour l'heure prochaine des sublimes efforts, une première place ; et, pour répondre à ce désir, le brave capitaine avait raccourci de quelques heures une permission d'une semaine.

Tous ceux qui ont connu ce jeune prêtre « dont le printemps était chargé de splendides promesses » le pleurent en l'admirant... Tous nos lecteurs auront une prière pour le repos de son âme.

### Prêtres et séminaristes mobilisés.

M. l'abbé Fousset, professeur à la maîtrise de la cathédrale, brancardier au 43° bataillon de chasseurs à pied, a été cité à l'ordre du jour de sa division : « Chasseur discipliné et brave, d'un dévouement à toute épreuve. Devenu brancardier après une année passée dans une compagnie. Blessé en accomplissant son ministère de prêtre au cours d'inhumations de camarades. Au cours d'un bombardement violent, s'est porté bravement au secours de camarades blessés. Beau caractère. »

M. l'abbé Wittmer, vicaire à Nuits, caporal au 109° d'infanterie, a été cité à l'ordre de la brigade : « Etait présent à l'affaire de Vermelles (décembre 1914). S'y est fait remarquer et a contribué par sa belle conduite à faire citer son unité à l'ordre de l'armée. » La croix de guerre lui a été remise à Dijon pendant la revue du 14 juillet.

M. l'abbé Bouzerand, séminariste, a reçu la citation suivante : « Soldat brave et énergique qui a été blessé grièvement le 14 mai 1915 en prenant part à un combat de grenades. »

### La distribution des prix au Petit Séminaire

eut le caractère d'une réunion intime, présidée par Monseigneur. — Au début, M. le Supérieur annonce qu'au lieu de prix, les lauréats recevront, des mains de leur évêque, la médaille de Reims. Le sujet de cette médaille, emprunté à l'histoire de la cathédrale-martyre, a été traité par l'artiste bien connu, ancien *Plombérien*, M. Ovide Yencesse.

Dans une courte allocution, Mgr Landrieux donne à ses chers enfants de Flavigny quelques conseils d'énergie et de prudence, en vue des vacances, et qu'il résume en ces trois mots : tenir ! progresser ! édifier !

La lecture du palmarès est faite par M. l'abbé Bouzerand, professeur mobilisé. La croix de guerre qu'il vient de recevoir, un œil perdu et une main mutilée rappellent éloquemment aux jeunes élèves ce qu'est le devoir et la manière dont ils doivent tenir les résolutions que Monseigneur leur a suggérées.

# L'Omelette du P. Lacordaire

Le P. Lacordaire, l'illustre religieux Dominicain qui créa les conférences de Notre-Dame à Paris, avait autant d'esprit de répartie que de talent oratoire.

Un jour, dans une ville de province, il se trouvait à table d'hôte et y prenait modestement son repas, tandis que, non loin de lui, un commis-voyageur à la voix éclatante et au toupet sans pareil ne cessait de pérorer.

C'était un vendredi, un jour maigre : occasion précieuse pour notre bavard de discourir sur la sottise des dévots et sur les préjugés absurdes des calotins. Le P. Lacordaire, avec sérénité, semblait ne rien entendre de toutes ces diatribes.

A la fin, ce fut le commis-voyageur qui s'impatienta de le voir si calme, si indifférent. Il se décida à apostropher directement le religieux, et lui passant un plat d'omelette dont il venait de s'adjuger la plus grosse part :

— « Moi d'abord, monsieur, lui dit-il d'un air goguenard, j'ai pour principe de ne croire que ce que je comprends. N'est-ce pas raisonnable ?

— « Monsieur, répondit avec bonne grâce le P. Lacordaire, en se servant des débris de l'omelette que son interlocuteur avait bien voulu lui laisser, comprenez-vous comment le feu, qui fait fondre le plomb, a fait durcir ces œufs ?

— « Ma foi, je n'en sais trop rien, repartit l'autre, interloqué par cette question inattendue.

— « Et moi non plus, dit en souriant le religieux, mais je vois avec plaisir que cela ne vous empêche pas de *croire aux omelettes*. »

## Grain de bon sens.

Il n'est pas probable qu'un gouvernement sectaire soit possible avant longtemps. Si par malheur de soi-disant Français oubliaient que le sang du pays n'avait qu'une couleur sur les champs de bataille, si des héros d'hier ou les fils des héros étaient traités en ilotes, si on défendait encore à une catégorie de citoyens de vivre sur leur terre après les avoir admis à y mourir, si la sœur Julie et les autres ne devaient pas être protégées contre l'exil par la croix d'honneur..., si la Haine voulait encore salir la Maison nationale que nous avons nettoyée à plein sang... alors, j'en suis convaincu, sur toutes les haies de France on verrait pousser des balais !

— Si nous survivons à cette terrible crise, nous verrons un monde modifié, je vous le prédis, quoi qu'en pensent les philosophes en chambre, attentifs à observer la persistance d'une certaine bassesse chez les sédentaires.

**Touchant incident.** — Mgr Touchet en rend ainsi compte :

A Châlette : Je vois venir comme parrain de confirmation de l'un des enfants un beau jeune soldat, vêtu de la capote bleu-gris, la poitrine barrée de la Croix de guerre et de la Médaille militaire. Hélas ! ce n'était pas le parrain qui menait son filleul ; c'était le filleul qui menait son parrain.

Celui-ci s'avançait la tête haute, un peu penchée, comme vont d'habitude les aveugles qui ne sont pas habitués à leur cécité. Peut-être demandait-il instinctivement quelque lumière à ce soleil qui, hélas ! ne lui en donnera plus.

La confirmation terminée, j'allai lui serrer la main.

— Reste-t-il quelque espoir ? lui dis-je.

— Non, Monseigneur : de mes yeux, l'un a été brûlé. Le second a coulé quand le médecin y a touché.

Puis, après une pause :

— J'ai encore trois frères sur le front. Si la perte de mes deux yeux était leur rançon, s'il ne leur arrivait aucun mal, je serais trop heureux.

Autour de l'aveugle, tout le monde pleurait. Moi aussi je pleurais. Est-il, en effet, rien de comparable à de tels sentiments ?

***

**Leur héroïque gaieté.** — L'*Officiel* a porté la citation que voici à l'ordre du jour de l'armée :

« Edouard Pioche, caporal au 109ᵉ d'infanterie : Dans la nuit du 16 au 17 mars, blessé avec plusieurs hommes de son escouade par l'éclatement d'un obus de gros calibre, a maintenu le calme parmi sa troupe et, malgré la perte d'un œil, s'est préoccupé tout d'abord de panser les autres blessés jusqu'à l'arrivée des brancardiers. »

Ce brave caporal était, dans le civil — si l'on peut ainsi parler — Père Jésuite.

Voici la lettre par laquelle il annonçait à son frère la perte de son œil droit. C'est un petit chef-d'œuvre d'humour :

« J'ai bien l'honneur de te faire part de la perte glorieuse que je viens d'éprouver en la personne de mon locataire « Monsieur Vise-à-droite » faisant fonction d'œil droit, tombé au champ d'honneur, dans les tranchées de Notre-Dame de Lorette, la nuit du 16 au 17 mars 1915.

« L'enterrement a eu lieu le 20 mars, à 9 h. 1/2 du matin, en la clinique d'Hesdin où je me suis transporté avec ses glorieux restes.

« Je ne puis sans émotion penser aux vieux services que ce brave œil droit, depuis vingt ans dix mois que nous vivions ensemble, que nous travaillions ensemble, que nous souffrions ensemble, m'a rendus. Aussi, inutile de te dire que je n'ai pu empêcher l'œil gauche, son frère, de laisser tomber une larme de regret sur cette tombe brusquement ouverte et refermée.

« Pour les condoléances, prière de les adresser au caporal Pioche en traitement à l'hôpital de la Croix-Rouge, etc. »

La médaille militaire a été remise au caporal Pioche, à l'hôpital des Quinze-Vingts, à Paris.

**R. A. S.** — Un voisinage d'emplacements de chevaux m'a fait, bien malgré moi, entendre parler un Père trappiste, aumônier de division — division retour de Verdun.

Et voici ce qu'à un commandant d'artillerie ce Père trappiste racontait :

« — Oui, avant de partir pour le Mort-Homme, tous voulaient se confesser, au point qu'à la fin, débordé, je les absolvais par séries de dix.

« Mais de quelques-uns, pourtant, j'eus la confession isolée.

« L'une surtout reste inoubliable dans mon esprit.

« C'était un petit chasseur à pied qui, au moment où la division arrivait près de Verdun, trouva moyen de se faufiler jusqu'à moi et de m'aborder sans façon. Il me dit qu'il tenait à faire ses Pâques. Il y aurait possibilité le lendemain.

« Je me rappelle que nous étions en marche et que, ne pouvant m'arrêter, je lui avais dit de se confesser en marchant à côté de moi. Rapidement il eut récité le *Confiteor* ; puis, à ma surprise, je l'entendis me dire cette phrase déconcertante autant que laconique :

« — Quant à mes péchés, mon Père, *R. A. S.* »

« Vous savez ce que signifie R. A. S. en termes militaires : *Rien à signaler*.

« Je dévisageai ce singulier pénitent. C'était un gentil petit gars, à la figure franche et douce.

« Cependant, ce *néant* complet au chapitre des fautes me laissait perplexe. Sur ma demande, il répéta, par deux fois, son affirmation.

« — Y a-t-il donc, mon fils, si peu de temps que vous vous êtes confessé ?

« — Un an ou presque, depuis les attaques d'Artois. J'ai fait alors mes Pâques sous la mitraille. C'était rudement chouette... »

« Il dit cela sans hésiter, comme une réflexion toute naturelle.

« — Tout de même, insistai-je, cherchez bien dans votre conscience...

« — C'est tout cherché, mon Père. Rien à signaler. »

« Et il m'expliqua sans façon :

« — Quel péché voulez-vous que j'aie pu commettre depuis l'Artois ? Nous n'avons pas cessé de nous battre. On est de toutes les grandes fêtes, nous autres. On a fait le Four de Paris, on a fait Tahure, on a fait le Vieil-Armand, on a fait Verdun une première fois, on y rebiffe... Je suis incapable de voler... Je n'ai jamais tué que des Boches, ce qui n'est pas un péché. De gourmandise, je n'en commets pas, ne buvant jamais plus que de raison. Les disputes avec les copains, ça ne compte guère... Des mauvaises pensées, je n'en ai pas, puisque je ne pense qu'à ma femme et à mes petits... Alors, vraiment... Il n'y a rien pour vous... Si je suis venu vous trouver, c'est simplement pour avoir comme qui dirait la permission de communier... Voilà tout... J'ai besoin d'avoir le bon Dieu avec moi pour grimper là-haut. »

« Alors, je le regardai bien dans les yeux. Ces yeux-là devaient être incapables de mentir.

« Ma foi, n'ayant pas d'absolution à lui donner, puisqu'il n'avait rien sur la conscience, avant de lui dire la phrase rituelle : *Allez en paix*, je l'ai embrassé, ce petit...

« Et je ne sais rien de plus beau ni de plus pur que ce regard de soldat affirmant à pareille heure la netteté de sa vie... Ils sont comme cela des tas, mon commandant...

« — Qu'est-il devenu, ce chasseur ? demanda l'officier.

« — Hélas ! aumônier de division, c'est moi qui dresse la liste de tous les deuils... Il a été tué le surlendemain, et il aura porté au bon Dieu, tout droit, son âme blanche, qui n'avait rien à signaler... »

HENRY DE FORGE.

**Un prix d'héroïsme... inattendu.** — Le curé d'une petite paroisse de l'Indre, mobilisé et affecté d'abord à un hôpital, obtint d'être brancardier. Il fut d'un dévouement intrépide.

Un jour qu'au milieu du combat l'abbé Brunet — c'est son nom — allait chercher les blessés, il vit soudain, sous la mitraille qui faisait rage, fléchir un groupe de soldats près de lui. Sans hésiter, l'abbé jette son brassard ; il saisit un fusil et, d'une voix vibrante :

— Allons, enfants, crie-t-il, pour Dieu, pour la France, en avant !

Et il s'élance le premier. Le groupe se ressaisit. Et l'on reprend l'avantage, la position est enlevée.

Mais, à quelque cent mètres, un des chefs est tombé... L'abbé Brunet, encore tout chaud de la bataille, vole à son secours, sans souci du danger. Il prend sur son dos l'officier et, à toutes jambes, il se hâte, il court dans la direction du premier poste d'ambulance. Cependant la fatigue l'a trahi ; vaincu par son effort, il s'affaisse avec son fardeau.

D'un tertre voisin, le généralissime et le Président de la République assistaient à ces épisodes de lutte héroïque. Ils s'approchèrent, après sa victoire, de la petite troupe... Dans la tranchée, le général félicita les vainqueurs, et il fit mander celui qui, dans l'attaque, avait pris leur tête, et qui avait ensuite rapporté l'officier blessé.

L'abbé Brunet avait repris ses sens. Il parut, tout ému, devant le généralissime :

— Que faites-vous dans le civil, lui dit le généralissime, après l'avoir complimenté ?

— Mon général, répond le soldat, dans le civil, je suis prêtre...

Et le général détache de la capote d'un camarade la décoration qu'il épingle à la poitrine de l'abbé Brunet.

Puis il ajoute :

— Je veux vous donner un souvenir personnel.

Et le général tâtant ses poches :

— Tenez, dit-il, je n'en ai pas d'autre, voilà ma pipe !

Et le généralissime embrassa l'abbé.

Quelques mois après, dans un autre engagement, ramassant encore les blessés, M. l'abbé Brunet tombait glorieusement pour son pays.

# A propos du Décolletage

Si en tout temps, par ses provocations et ses ravages, le décolletage est une honte, il l'est surtout dans les circonstances présentes. Quand tant d'hommes et de jeunes gens sont à la frontière risquant leur vie pour protéger et défendre ceux et celles qui sont à l'arrière, comment comprendre que des femmes d'âge et des jeunes filles puissent se complaire dans des modes importées d'Allemagne ?

Aux personnes tant soit peu instruites de leur religion nous rappellerons que l'on est responsable devant Dieu non seulement de ses propres péchés, mais des péchés que l'on fait commettre. Or, que de péchés de pensée, de désir, de parole peuvent faire commettre les décolletées !

Le père et la mère de famille qui permettent à leur fille de se décolleter sont également responsables.

Qu'on ne se laisse pas entraîner par une coutume déraisonnable. Il faut suivre les bons exemples et non les mauvais.

Le bon exemple est donné par toutes les personnes qui se souviennent que nous sommes en un temps de calamité publique et s'associent par la sévérité de leur costume au deuil de la patrie.

## LA MORALITÉ PUBLIQUE ET LES CINÉMAS

Une délégation des sociétés de moralité publique, de protection et de sauvetage de l'enfance, d'enseignement, des sociétés d'action féminine, etc., conduite par M. le sénateur Beauvisage, MM. A. Honnorat et Violette, députés, s'est rendue au ministère de l'intérieur.

Elle a entretenu M. Malvy de l'influence du cinématographe « criminel » sur la jeunesse et lui a fait part de ses desiderata. M. le Ministre de l'intérieur lui a indiqué les mesures récentes qu'il avait prises dans le sens de l'interdiction des films dangereux, mesures qu'il a d'ailleurs l'intention de rendre incessamment publiques.

On ne saurait trop applaudir au geste de ces honorables, que des scrupules de conscience pourtant ne dirigent pas. Quel mal ces cinémas ont fait ! On devrait fermer leurs portes partout, sans exception.

Nous pourrions citer telle ou telle ville, en France, où, à la suite de ces représentations, s'est formée une ligue de jeunes malfaiteurs qui ont voulu jouer aux apaches.

— La prière est la fleur que la tombe préfère. (X.)

— La véritable manière de se tenir prêt pour le dernier moment, c'est de bien employer tous les autres. (FÉNELON.)

— La meilleure perfection est de faire les choses communes d'une manière parfaite. (S. BONAVENTURE.)

## NOUS NE SERONS PEUT-ÊTRE PAS TOUS CAPOUT !

Lorsqu'on interroge un Belge qui a pu franchir les fils de fer électrisés de la frontière, échapper aux coups de fusil des sentinelles boches, il vous répond invariablement :

— Si vous voyiez les Allemands comme nous les voyons en Belgique, vous ne douteriez pas un instant de la victoire !

C'est encore la réponse que nous faisait, ces jours-ci, un fonctionnaire venu tout récemment d'une ville du nord de la Belgique :

Les Allemands s'épuisent, disait-il. D'abord, ils n'ont plus guère de soldats de 20 à 35 ans qui constituent la fleur d'une armée. Ils en ont trop sacrifié. Leurs soldats sont ou trop jeunes ou trop vieux. J'en ai vu des milliers s'exercer au camp de Beverloo : ce sont des enfants. Je sais bien que Napoléon fit la guerre avec des Marie-Louise, mais ce n'était pas la guerre actuelle ; et puis c'était Napoléon ; et puis, d'ailleurs, il fut vaincu.

Ensuite, le moral du soldat allemand tombe rapidement. L'an dernier, ceux qui cantonnaient chez nous chantaient un refrain où il était dit : « Nous les ferons tous kapout ! » Aujourd'hui, le refrain est devenu : « Nous ne serons peut-être pas tous kapout ! »

******************************************

## *Lettre d'un Aumônier militaire*

*A mon frère. — En réponse à une lettre où, de retour au front, il me racontait ses impressions de permissionnaire.*

Un soir du mois dernier, le colonel du 27ᵉ d'infanterie entre près de la dame de la maison qui nous loge tous deux. Il vient de recevoir l'ordre d'être à Tahure le lendemain matin à 6 heures. Il doit partir à 2 heures et faire quatre heures de trajet dans la boue. Ce n'est pas gai...

« A peine avons-nous eu quelques jours de repos, dit-il d'un ton résigné. Nous venons de passer, là-bas, 18 jours par un temps impossible,... des travaux énormes à faire, tout le secteur à organiser, une attaque à repousser. . Et déjà il faut repartir. »

Etienne, 2 ans 1/2, mange des yeux le colonel. Alors celui-ci, très paternel, prend l'enfant dans ses bras, le caresse et murmure avec une pointe d'émotion : « Petit, c'est pour toi que nous travaillons... pour que tu ne revoies pas ces saletés-là ! »

* *

Ce souvenir était très présent à mon esprit pendant que je lisais ce que tu me racontes des gentillesses de ton dernier-né et de la sagesse croissante des deux plus grands. C'est pour ces gâs-là, en effet, que nous travaillons, que nous souffrons, que nous mourons. Et c'est justice !

De tous les biens terrestres, la famille est le premier et le plus précieux. Et sur le même plan que la famille il faut placer les familles associées en Patrie. Cela passe avant la tranquillité, avant la vie ; on a raison de sacrifier sa tranquillité et sa vie pour cela. Voilà le vrai but de l'existence, les vraies raisons de vivre.

Au premier plan, *le bon Dieu* que nous servons dans la vie présente pour le posséder dans la vie future et auquel notre vie totale est consacrée.

Au second plan et en même temps, *la famille, les enfants, la patrie,* c'est-à-dire la seule chose qui survive à la vie présente, qui nous continue quand nous sommes morts. Soi-même, on passe après.

Et, chose remarquable, plus on s'oublie soi-même, pour Dieu et pour la famille, mieux on s'en trouve personnellement : « Donnez et l'on vous donnera »... Sacrifiez-vous et ce que vous aurez sacrifié vous sera rendu au centuple, dès ce monde, dit l'Evangile et dit aussi l'expérience.

* *<br>*

Ils sont malheureusement rares ceux qui pensent ainsi. — Tu as été frappé de l'égoïsme de quelques-uns ; moi, de même. Combien de fois n'ai-je pas souffert, non pas pour mon petit *moi*, mais pour la grande Cause que j'aime, combien de fois n'ai-je pas déploré les petits côtés de la guerre ! Soldats qui rapinent, se saoulent, tirent au flanc... Officiers qui cherchent le plus de profits personnels avec le minimum de peines, sans regarder à ce que leur commodité peut coûter au trésor commun, et occasionner de désagréments aux soldats... Civils qui cherchent à tirer bénéfice de tout, etc. En somme, dans certains milieux, on vit *pour soi* au lieu de vivre *pour Dieu, pour la France, pour la famille.*

... Et l'on n'y gagne rien, bien au contraire, car ce sont ces égoïsmes multipliés qui prolongent la guerre en augmentant les dépenses, en éparpillant les ressources, en dissimulant ce qui devrait aller au Trésor commun. Un peuple combat avec toutes ses vertus. Or la vertu a pour base le sacrifice qui est le contraire de l'égoïsme. La guerre a peut-être secoué, inquiété nos égoïsmes ; elle ne les a pas déracinés, elle les a parfois rendus plus avides. Et c'est là le meilleur allié de l'ennemi.

* *<br>*

J'ai peut-être tort de me laisser aller à ces réflexions maussades, mais elles viennent d'elles-mêmes, tout naturellement, comme la mauvaise humeur provoquée par le mauvais temps : Ah, zut ! il y a de la boue ! — Eh bien, oui, il y a de la boue, mais la boue ne doit pas empêcher de marcher et de garder le sourire en pataugeant.

Il y a de la boue en France — comme partout ailleurs, du reste. — La France n'est pas parfaite ; aucun peuple n'est parfait ; les individus ne sont pas parfaits ; l'Eglise elle-même — la sainte Eglise — n'est pas parfaite, parce que, quoique divine dans son origine et dans son but, elle est composée d'éléments humains. La perfection n'est pas de ce monde. Elle est un idéal divin vers lequel il faut toujours tendre sans jamais pouvoir l'atteindre. Si nous tendions un peu plus vers cet idéal, si chacun de nous était moins égoïste, il y a longtemps que la guerre serait finie ; d'ailleurs nous ne l'aurions pas eue. Quand on en recherche les causes, on aboutit logiquement à l'égoïsme, au péché. Je ne veux point approfondir ce sujet. Je dis seulement en passant : Evitons le péché ; soyons des saints, et tous les maux seront guéris d'abord, prévenus ensuite.. . . . . . . . . . . . . . . . . . . . .

Les blessés sont moins nombreux ; les morts chôment un peu. Cela m'a permis une heure de loisir pour envoyer un peu mon cœur vagabonder près du tien.

*Fraternellement.*

# Faut-il se gêner ?

Nous ne doutons en aucune manière de notre victoire finale, au point de vue financier comme au point de vue militaire. Notre confiance sur ce point est d'autant plus grande que notre crédit est en quelque sorte étayé par celui de l'Angleterre, qui est d'emblée le premier du monde. Tout prouve, au contraire, qu'au point de vue économique, l'Allemagne est profondément atteinte et que le kolossal château de cartes que constitue le crédit austro-allemand approche de sa chute. Mais il serait aussi déloyal qu'erroné de laisser croire que le fardeau qui pèse sur la France n'est pas énorme et écrasant.

A côté de la lutte militaire, la lutte économique entre les belligérants se poursuit acharnée. Tous souffrent, tous sont atteints dans leurs forces vives. La victoire sera à celui qui *tiendra* avec le plus de ténacité : il est indispensable que ce soit nous et nos alliés.

Or, tandis qu'en Allemagne une autorité absolue prescrit avec une rigueur indomptable et une habileté incontestable les mesures économiques qui s'imposent, chez nous, par suite de notre caractère et des facilités que nous assure notre position dans le conflit mondial, nous avons une *tendance à ne pas nous gêner* que tous les observateurs constatent et qu'il est impossible de ne pas regretter.

Voici les conseils qu'il est de notre devoir patriotique de rappeler :

1º Tout l'or qui dort stérile dans des coffres ou des cachettes est un or anti-patriote. S'il allait rejoindre la masse précieuse qui, dans les caves de notre Banque, est la base du crédit du pays, il permettrait d'y faire des prélèvements plus larges, d'abaisser le change, d'accroître notre puissance économique. En s'abstenant, il nuit.

Et il y a *au moins deux milliards* qui se cachent ainsi.

Les porter aux guichets, ce serait faire acte de bon Français. Les billets de banque ou mieux encore les bons du Trésor reçus en échange auront pour les possesseurs la même valeur, et la France recevra une aide dans la bataille financière mondiale.

Les rouleaux d'or sont eux aussi d'utiles bataillons.

2º Economiser les billets de banque eux-mêmes est faire acte de haute sagesse et de prudence patriotique. Le public comprend cela beaucoup moins, et cependant c'est un principe économique incontestable.

En temps de guerre, en effet, la Banque de France émet sans cesse de nouveaux billets, selon les nécessités de l'Etat. Son encaisse en or garantit cette production continue. Il est évident cependant que plus la proportion des émissions devient considérable, plus il est difficile de maintenir intact dans le monde le crédit du pays. Economiser l'emploi de billets de banque permet de limiter la circulation fiduciaire, les émissions de billets. Et c'est un avantage extrêmement précieux.

Or, beaucoup de manipulations de billets pourraient être évitées. Ayant un compte ouvert à la Banque de France, ou dans un grand établissement de crédit, quiconque est appelé à une certaine manipulation de fonds peut avoir des carnets de chèques qui permettent de faire des payements dans toutes les villes sans envoi de billets.

3° Enfin, ce serait travailler utilement pour la patrie que d'économiser *en évitant d'acheter ce qui n'est pas absolument indispensable.*

Pour la *nourriture,* d'abord, sachons nous contenter de peu et n'employer que des produits de notre pays.

Pour le *vêtement,* sachons nous contenter de ce qui peut être encore porté décemment, même reprisé ou raccommodé.

En général, pour tout genre de dépense, attendons que la guerre soit finie et que les prix soient redevenus abordables. Si chacun avait su se priver un peu, les denrées n'auraient pas atteint des chiffres fantastiques et souvent scandaleux. La modération est une gêne, soit ! Sachons nous gêner pour la France, pour la Victoire, pour la Paix.

## Ce que j'ai vu : il faut des Prêtres

*J'ai vu nos soldats, leur courage, leur abnégation, leurs vertus, leurs sacrifices, et j'ai admiré le travail qu'avait accompli dans l'âme de la plupart d'entre eux le* Prêtre *de leur paroisse, de leur Première Communion.*

*J'ai vu nos blessés, nos malades, sur le sol, la paille, une mauvaise couchette, en proie à la fatigue, à la faim, à la soif, à la fièvre et à la douleur, et j'ai observé ce que peut la grâce du Christ présentée d'ordinaire par le* Prêtre *pour rendre la force, l'espoir, la paix, le pardon.*

*J'ai vu des funérailles par centaines, des tombes par milliers, et j'ai constaté que, sans la présence du* Prêtre, *ce trou noir était hideux, glacé, presque abandonné.*

*J'ai vu les flots de réfugiés, femmes, vieillards, petits enfants, allant je ne sais où, avec je ne sais quoi, pour je ne sais combien de temps, et je me souviens que l'apparition d'un* Prêtre *suffisait à les réconforter, et nous savons tous qu'avant, pendant et après leur départ, beaucoup ont trouvé dans le* Prêtre *leur meilleur ami.*

*J'ai vu les nobles qualités dont le peuple de France tout entier a fait preuve. J'ai vu de tout près la résignation, la générosité des mères, des épouses, des fils, et j'ai trouvé dans ce magnifique moral une telle res-*

*semblance avec l'idéal chrétien que j'ai dû y saluer l'œuvre de l'esprit évangélique dont les lignées de Prêtres ont imprégné depuis des siècles l'âme de la patrie.*

*J'ai vu les villages démolis, les églises assassinées, et les ruines semblaient me dire : Un Prêtre viendra-t-il nous relever ?*

*J'ai vu les ombres des bons Pasteurs que l'ennemi a tués parce qu'ils aimaient trop la France et leurs ouailles, les ombres des curés et des séminaristes tombés au champ d'honneur, et je crois que leur vœu le plus ardent était de se survivre dans la personne des Prêtres de demain.*

*J'ai vu, senti, touché du doigt cette vérité : il faut à la France des Prêtres, beaucoup de Prêtres, de saints Prêtres. Parents, offrez vos enfants ; chrétiens, apportez votre or ; élus du ciel, donnez votre cœur, votre esprit, votre personne entière ; s'il le faut, donnez votre sang !*

# UN HEROS CHRETIEN

Le capitaine Augustin Cochin, fils aîné de M. Denys Cochin, ministre d'Etat, vient de tomber au champ d'honneur en chargeant en avant de sa Compagnie au cours des combats sur la Somme.

Blessé déjà à plusieurs reprises, le valeureux officier n'avait jamais voulu prendre de repos et il se soignait en première ligne, donnant à ses compagnons d'armes l'exemple de la plus belle énergie.

Et c'est le bras brisé, en écharpe et emprisonné dans un moule en plâtre, qu'il dirigeait à Hardecourt la charge au cours de laquelle il périt. Une balle lui fracassa la mâchoire alors que la victoire s'affirmait et que la fuite de l'ennemi s'accélérait.

— Ah ! l'attaque a réussi, s'écria-t-il... Quelques mots encore et il s'affaissa. Pour lui, tout était fini.

Son frère Jacques Cochin, également capitaine d'infanterie, est mort glorieusement, le 14 février 1915, à Hartmanwillerskopf.

M. Paul Bourget, de l'Académie française, consacre au capitaine Augustin Cochin, qui était en même temps un savant et un croyant, un article élogieux dont nous citons volontiers les lignes suivantes :

. . . . . . . . . . . . . . . . . . . . . . .

Pour Augustin Cochin, être au feu avec ses hommes, ce n'est pas seulement se battre comme eux, souffrir comme eux, mourir comme eux, c'est leur attester par tout son être le bienfait de sa foi. Un témoin renseigné me raconte qu'un d'entre eux, arrivé au régiment avec des idées d'anarchiste, lui dit un jour, comme ils s'élançaient à l'assaut : « Si j'en reviens, mon capitaine, je pense comme vous, *je me communie.* » Il en revint et il fit comme il avait dit. Il se confessa. Il communia. Quelques jours avant la bataille de la Somme, Augustin Cochin lui servait de témoin pour mettre en accord par un mariage à l'église son foyer de hasard et ses nouvelles idées. Puis ils partirent au front tous les deux, le capitaine emmenant dans son automobile son soldat, lui aussi mal guéri d'une blessure. Le soldat était tué, à peine dans la Somme : le capitaine quelques jours après.

. . . . . . . . . . . . . . . . . . . . . . . . .

Qu'ajouter, sinon ces quelques lignes pathétiques du caporal-infirmier Charles Savine, qui a ramassé son corps. Elles disent mieux que tous les commentaires le prestige bienfaisant d'une telle âme et d'une telle mort : «... J'ai trouvé ses deux médailles et sa Légion d'honneur tachées de sang. Jamais ces croix n'ont été plus honorées que sur cette poitrine, et c'est en tremblant d'émotion que je les ai détachées pour les remettre à l'aumônier. Puis j'ai coupé des fleurs. Des fleurs ! Cela semble impossible. Eh bien ! j'en ai trouvé : des roses sauvages et d'un rouge éclatant. Une brassée de lauriers couvre son corps. *J'ai lavé sa tête et je l'ai mis dans une attitude digne de lui. Il repose comme un preux d'autrefois, drapé dans une toile de tente, les vêtements souillés de boue glorieuse et recouvert de fleurs.* »

# ORDINATION DE GUERRE

Le samedi 17 juin, c'était l'ordination de Saint-Sulpice. L'église était remplie d'une nombreuse assistance : assemblée choisie, recueillie devant la cérémonie religieuse qui rappelle le plus les cérémonies de la primitive Eglise, et à laquelle les circonstances présentes donnaient un caractère particulier.

Une émotion, confuse tout d'abord, mais qui peu à peu se précisait, naissait dans le cœur des assistants devant cette ordination, véritable ordination de guerre.

Au lieu de 50 ordinants, ce qui est la moyenne habituelle, une quinzaine seulement, et parmi ceux-ci trois appartenant réellement au diocèse de Paris.

Par ailleurs, de jeunes lévites chassés par la guerre de leur province ou de la Belgique, des missionnaires, un prêtre anglican converti, un prix du Salon de 1894 âgé de 50 ans, M. B... Mélange douloureux et particulièrement instructif.

De l'ordination de juin 1914, sur 50 prêtres, 13 sont déjà tombés devant l'ennemi.

Du cours sulpicien, qui comptait 60 élèves il y a deux ans, trois seulement étaient ordonnés le 17 juin.

Où sont les autres ? A défendre le pays, à le servir comme soldats, comme infirmiers, comme brancardiers.

Qu'il était inoubliable, le spectacle de l'ordination de la Noël 1915, où apparurent deux brancardiers belges venus de l'Yser pour quarante-huit heures, et deux soldats de Champagne et de l'Argonne ! Ceux-là mirent l'aube, l'étole, la chasuble à même sur leur capote boueuse, et repartirent dire leur première messe dans la nuit des tranchées.

Samedi, un seul soldat fut ordonné : un jeune Vendéen des Herbiers :

les grandes coiffes blanches de sa mère et de ses sœurs se distinguaient dans l'assistance ; et lui, au moment de la prostration, lorsque tous les ordinants, étendus sur le sol devant le cardinal, répondaient aux litanies d'une voix lente et forte, ses guêtres bleues apparaissaient sous sa soutane noire.

Puis, parmi les prêtres rangés en haie d'honneur autour du chœur, et qui, les uns après les autres, imposaient les mains aux jeunes ordonnés, plusieurs cachaient sous leur surplis une tunique épinglée de glorieuses décorations.

Citerai-je ces deux professeurs sulpiciens, tous deux officiers, l'un portant la Légion d'honneur et la Croix de guerre, l'autre appuyé sur une canne et les yeux creusés par la souffrance, ayant la Croix de guerre avec deux palmes, Médaille militaire et Légion d'honneur ?

Quel enseignement dans une telle cérémonie et dans de tels gestes pour ceux qui cherchent les causes morales les plus profondes de l'héroïsme de notre nation !

# Notre-Dame de la Salette

*Le 19 septembre 1846 (un samedi des Quatre-Temps et la veille de la fête des Sept Douleurs), deux enfants, Maximin Giraud, 11 ans, et Mélanie Calvat, 14 ans, gardaient leurs troupeaux sur le Gargas, mont du Dauphiné, près de la Salette. Dans le creux d'une fontaine desséchée, ils avaient construit un paradis représentant le ciel et la terre et non loin de là, s'étaient endormis sur le gazon. A leur réveil, ils aperçurent une grande lumière, une Dame en pleurs, assise sur leur paradis, les coudes appuyés sur ses genoux et la tête dans ses mains. A leur approche, la Dame, toujours pleurant, se leva et les appela, en disant : « Avancez, mes enfants, n'ayez pas peur, je suis ici pour vous annoncer une grande nouvelle. » Les enfants s'approchèrent et la Dame leur tint le discours suivant :*

* *

**Les plaintes de Marie.** — *La grande nouvelle que Marie voulait, par l'entremise des enfants, faire passer à la France était celle-ci : la France a péché en violant les commandements de Dieu et de l'Eglise ; — à cause de son péché, Dieu s'apprête à la frapper de terribles châtiments. Ecoutons ses paroles :*

*Violation du dimanche.* — *« Je vous ai donné six jours pour travailler, je me suis réservé le septième et on ne veut pas me l'accorder.*

*Il ne va que quelques femmes âgées à la messe et les autres travaillent tout l'été ; puis, l'hiver, ils ne se rendent à l'église que pour se moquer de la religion.*

*L'abstinence du vendredi et du Carême.* — *Pendant le Carême, ils vont à la boucherie, comme des chiens. »*

La prière de chaque jour. — *La Vierge, s'adressant aux enfants, leur dit : « Faites-vous bien vos prières, mes enfants ? »* — Oh ! non, Madame, pas très bien, répondirent-ils. — *Et la Vierge reprit : « Oh ! mes enfants, il faut la faire, soir et matin. Quand vous n'aurez pas le temps, dites seulement un* Pater *et un* Ave Maria *; et, quand vous le pourrez, dites-en davantage. »*

*Dans tous ces reproches, la Vierge n'insiste que sur la violation des commandements de Dieu et de l'Église ; elle ne parle pas des devoirs envers le prochain. C'étaient les devoirs envers Dieu et l'Église qu'il importait surtout de rappeler à la France. Chez nous, en effet, on ne croit avoir de devoirs qu'envers son prochain : « Je n'ai ni tué ni volé » aime-t-on à redire ; et l'on croit que cela suffit ; on se croit pur de tout reproche. C'est une grande erreur. Au-dessus de nos devoirs envers le prochain, il y a nos devoirs envers Dieu et envers son Christ, représenté par l'Église ; et autant Dieu et son Christ s'élèvent au-dessus de l'homme, autant nos devoirs envers eux sont plus sacrés et plus rigoureux que nos devoirs envers nos semblables.*

*Or, ce sont ces devoirs envers Dieu, son Christ et son Église que la France, depuis des années, se plaît à violer sans trêve et sans remords. C'est de cette révolte que la Vierge vint se plaindre, il y a soixante-dix ans, en annonçant de terribles châtiments.*

**Français, retenez cette parole des Ecritures, qui est vérité :** « La justice (envers Dieu comme envers les hommes) élève les nations, le péché les conduit à la ruine. » *Si donc vous voulez voir revenir la prospérité et l'abondance de tous biens, revenez à Dieu, à son Christ, à son Église et rendez-leur vos devoirs.*

## La suppression de l'alcool.

On sait que la Russie n'a pas hésité à interdire chez elle l'usage de l'alcool. Le ministre des finances de la Russie apprécie ainsi les résultats de cette mesure. « Nous avons perdu 65 millions de revenu sur l'alcool, mais le rendement du travail des ouvriers a augmenté de 50 à 60 0/0.

Ajoutez-y l'énorme accroissement des dépôts aux caisses d'épargne, la diminution du chômage, la diminution des maladies, la diminution des suicides, la diminution des accidents et les autres symptômes d'une amélioration fructueuse, et vous conclurez que la réforme réclamée peut payer largement l'opération qu'on lui demande. »

—— La mort est de tous les visiteurs le plus annoncé et le moins attendu.

(Paul Bourget.)

Il n'y a qu'un grand cœur qui sache combien il y a de gloire à être bon.

(Fénelon.)

# RECETTES

**Une boisson économique fermentée : L'ARTÉSIENNE ALBERTINI.**
— La vie devient de plus en plus chère. Tout augmente. Le vin est hors de prix. Il faut pourtant boire, car la soif est un besoin plus impérieux peut-être que la faim, et ce ne sont pas les plus pauvres qui sont — et pour cause ! — les moins altérés.

Si le vin est trop cher, le cidre fatigue l'estomac et se conserve mal, la bière est lourde et indigeste ; sans compter que ni la bière, ni le cidre ne se donnent pour rien.

Aussi a-t-on créé une foule de boissons dites « de ménage » que chacun peut fabriquer chez soi avec certains ingrédients. Malheureusement la plupart de ces « piquettes » ne sont le plus souvent qu'un « coco » fade et banal dont on se dégoûte vite comme de toute boisson non fermentée.

Il faut faire exception pour une boisson récemment créée, perfectionnement de la *Cidrette* que nous avons déjà recommandée (N° d'avril 1916) et qui a été très appréciée par ceux qui l'ont essayée. Des produits excellents, judicieusement dosés et choisis : miel, feuilles de frêne, essence de pommes, servent à composer cet extrait concentré, l'*Artésienne Albertini*, avec lequel on peut fabriquer soi-même une boisson excellente, saine, rafraîchissante, stimulante, légèrement acidulée, d'un goût très agréable qui, mise en bouteilles, mousse comme du champagne.

Faites-en l'essai en la demandant à votre épicier, ou chez MM. Hulet et Piret, 62, rue Caumartin, Paris. Un flacon de 2 fr. 50 peut servir à fabriquer 125 litres de boisson. Le mode d'emploi est joint au flacon et la fabrication est facile. En ce temps de vie chère, nous pensons que ce renseignement est à retenir et que les ménagères économes en feront leur profit.

---

## La distillation des fruits et des marcs de raisins d'après la nouvelle loi.

*Nous appelons l'attention de nos lecteurs sur les nouvelles instructions suivantes communiquées par l'Administration des Contributions indirectes :*

1° La distillation des fruits, marcs, etc., ne peut avoir lieu que dans un local public créé dans chaque commune, par ses soins et à ses frais. Toutefois, la commune peut rentrer dans ses dépenses au moyen d'une contribution qu'elle peut faire payer aux bouilleurs de crus ;

2° Ce local peut être à ciel ouvert ou fermé ;

3° Sa création en est demandée par délibération du Conseil municipal et son ouverture nécessite une demande adressée à Monsieur le Directeur des Contributions indirectes du département ;

4° Le local doit être agréé par l'administration ;

5° Si le local communique par des ouvertures avec des maisons voisines, l'administration se réserve le droit de pénétrer librement dans ces maisons ;

6° Les jours et heures de travail seront fixés de concert avec les employés de la Régie dans la région ;

7° Chaque récoltant transporte ses matières à distiller moyennant un acquit de 0 fr. 10 ;

8° Après distillation, il ramène son eau-de-vie chez lui avec un acquit de 0 fr. 10 ;

9° Chaque propriétaire a droit à 10 litres d'alcool pur sans payer de droit ; il paye un droit de 400 fr. par hectolitre pour le surplus ;

10° Chaque récoltant a la faculté de payer immédiatement ou de demander le crédit de l'impôt. Dans le premier cas, il lui est fait une réduction de 10 0/0 ; dans le deuxième cas, les employés de la Régie prennent en charge au compte du récoltant la quantité excédant les 10 litres d'alcool pur. Cet excédent devra être présenté l'année suivante sur simple réquisition de l'administration.

Les droits seront calculés sur le manquant de l'excédent.

Cependant, ceux qui font prendre en charge la quantité passible du droit obtiendront une réduction de 3 0/0 si l'alcool est conservé dans des récipients en verre et de 7 0/0 si l'eau-de-vie est conservée dans des vases en bois ;

11° Le bouilleur responsable est tenu d'avoir un registre spécial ; il devra se munir d'un alcoomètre poinçonné.

# COUP DOUBLE

— Mon lieutenant !

— Ah ! c'est toi, François ! Qu'y a-t-il ?

Un instant les deux hommes se regardent silencieux. François, grand, robuste, avec des yeux bleus presque enfantins dans une figure hâlée et barbue ; le lieutenant, grand aussi, mais plus mince, avec des yeux bruns sérieux dans un visage imberbe.

— Qu'y a-t-il, François ? reprend l'officier.

François continue à rouler son béret entre ses doigts, de l'air de quelqu'un qui sait bien ce qu'il veut dire, mais ne sait pas trop comment il le dira.

— Qu'y a-t-il, François ? que me veux-tu ? répète, pour la troisième fois, le lieutenant.

Dans les mains du soldat, le béret semble agité de convulsions impressionnantes, mais, comme si l'impulsion donnée à sa coiffure avait une influence sur les cordes vocales, François parle :

— Mon lieutenant, c'est par rapport à Murrel.

Le lieutenant connaît bien Murrel, un dur-à-cuir qui se moque du danger, mais qui, moins brave devant un socialiste que devant un Boche, joint à un esprit ingénieux, à un courage remarquable, des sentiments assez indifférents en matière religieuse et pas très bienveillants au point de vue hiérarchique.

— Alors, Murrel ? interroge le lieutenant.

La voix de François se fait plus basse ; un attendrissement soudain passe dans son regard :

— Il est mort, murmure-t-il, et c'est pourquoi je suis venu...

Le jeune chef pâlit. Il aime tous ses hommes d'une affection solide, fraternelle, et Murrel peut-être un peu plus que les autres, car il a deviné en lui une nature intéressante, déviée de la voie droite, mais capable d'y marcher à nouveau.

— Il est mort, répète le soldat. Il a été tué ce soir. Nous revenions tous deux d'une reconnaissance. On était content d'avoir bien rempli sa mission. Murrel rigolait et je riais aussi. Lorsque, tout à coup, v'là un obus qui éclate quasiment sur nous. C'est pas que j'ai eu peur, mais j'ai fermé les yeux. Quand je les ai rouverts, mon copain était tout en sang.

« Tu es blessé ? que je lui fais.

« — Tu vois bien, qu'il me répond, et cet obus-là n'a pas mal fait son travail ; je suis f...u. »

Il était tellement pâle, je comprenais tellement que c'était vrai, que j'ai pas pu le détromper. Je le regardais avec un air tout bête, à cause que j'avais envie de pleurer.

« Faut pas t'ennuyer, qu'il me fait encore ; je n'ai pas peur de la mort. Je suis allé me confesser hier ; je sais que le bon Dieu existe, je sais qu'il nous aime et je sais qu'il ne refuse pas son paradis au soldat qui tombe pour la France. Ça t'étonne de m'entendre dire ces choses-là ? Bien sûr que je n'ai pas toujours été dans ces idées ! Et pourtant !... C'est pas la faute de ma pauvre maman qui m'a si bien élevé jusqu'à douze ans et qui a tant prié pour moi et tant pleuré quand elle a vu que je lui échappais !... » Mon lieutenant, moi qui suis un enfant de l'Assistance publique, ça m'a donné un coup de l'entendre parler comme ça de sa mère. Il me semble que la mienne, j'aurais jamais voulu la faire pleurer si je l'avais connue, surtout si j'avais su ce que savait Murrel !

Au bout d'un petit moment de silence, le copain reprit :

« Veux-tu me causer un grand plaisir ?

— Bien sûr ! que je lui réponds.

— Eh bien, quand tu seras de retour vers les camarades, tu iras trouver le lieutenant ; tu lui diras que j'ai pensé à lui en mourant, que c'est son exemple et puis les petits mots qu'il nous glissait comme ça, sans en avoir l'air, qui m'ont fait réfléchir et qui me donnent du courage pour le grand saut dans l'éternité... De ma part, tu lui remettras ceci en souvenir. »

(C'est un modeste insigne du Sacré-Cœur tout taché de sang, que François tend à l'officier.)

Murrel a dit encore :

« J'aurais bien voulu l'embrasser et le remercier. Tu le feras pour moi, n'est-ce pas ? »

C'était la fin... Pour qu'il parte tranquille, je lui ai promis... Et voilà ! Je viens vous transmettre le merci de Murrel... Pour le reste, j'ose pas !...

Mais, comme François baisse la tête, confus de son audace, il sent deux bras vigoureux qui l'entourent... quelque chose d'humide effleure son visage : une larme, un baiser. Et l'enfant de l'Assistance, qui n'a jamais senti le réconfort d'une caresse, murmure lentement avec une joie intense :

— Oh ! mon lieutenant ! mon lieutenant ! que vous êtes bon !... Jamais personne ne m'avait embrassé jusqu'ici... personne... Je suis tout seul au monde !...

A présent, c'est le soldat qui pleure. Et le jeune officier le console. Non, il n'est pas tout seul au monde : Celui qui a soutenu Murrel au moment de sa mort n'abandonne pas ceux qui souffrent. En lui, tous les hommes sont frères. Dans son amour, personne n'est isolé...

Lorsque, un moment après, le soldat François quitta son chef, un bonheur inconnu remplissait son âme...

Et je ne suis pas éloigné de croire que, ce jour-là, par une grâce divine, la valeur chrétienne d'un petit lieutenant de chasseurs fit « coup double »...

# Récréations en Famille

### a) Solutions du mois d'août

*Charade* : Salonique.
*Métagramme* : Bombe, Tombe.
*Rébus* : Le prisonnier sans R (air), sans O (eau) gémit (G mis) dans un coin.
*Problème* : Il met un S devant le chiffre romain IX.
*Devinette* : Des cymbales (cinq balles).

### b) Pour le mois de septembre.

#### CHARADE FANTAISISTE

Mon premier est un assassin.
Mon second est un assassin.
Mon troisième est un assassin.
Mon quatrième est un assassin.
Mon cinquième est un assassin.
Mon sixième est un assassin.
Mon septième assiste à l'assassinat.
Mon tout empêche la victime de crier.

#### MÉTAGRAMME

Trois femmes de poilus, que poussait la misère,
Vinrent trouver, un jour, Môssieu le Député,
Celui-ci les reçut avec grande bonté,
Se fit conter leur cas, et toujours débonnaire,
Leur fit, pour tout secours, une.........
Alors l'invectivant, les femmes en colère.
Dirent : nous préférons une.........

Un de nos amis a reçu de Salonique par T. S. F. la dépêche suivante :
E.G.A.J.T. — G.E.T.K.O.T.E.M.U.E.E.C.D.A.I.P.K. — G.H.T.D.F.E. D.T. — O.Q.P.O.S.E.D.A.R.O.G.D.Z. — G.J.T.A.A.T.N.E.G.A.C.D.C.P.Y. (Prière de déchiffrer le texte).

*Le Gérant :* J. THEVENOT

SAINT-DIZIER. — IMPRIMERIE J. THEVENOT.

# L'ÉCOUVILLON

La première idée qui vient à l'esprit, en présence d'un tuyau à déboucher, c'est d'y passer un écouvillon.

Il s'applique, d'ailleurs à tous les tuyaux, voire même en tissu vivant comme le tube digestif, dont l'engorgement — inutile d'expliquer pourquoi — est si fâcheux.

Par exemple, quand il s'agit du tube digestif à parois perméables, sensibles (parce que vivantes), et qui fait corps avec l'organisme, dont il est même à certains points de vue morceau de résistance, il convient d'y aller avec une prudence extrême.

D'où la nécessité de trouver un écouvillon doux, plastique, onctueux, qui ne brusque rien et glisse légèrement, sans que pourtant cette discrétion soit acquise au détriment de son efficacité. Il faut, d'autre part, que cet écouvillon avance, en quelque sorte, *propria motu*, par cette excellente raison que pour le pousser le long des méandres compliqués, biscornus, mobiles et à calibres variables du labyrinthe abdominal, il n'y a pas à compter sur une force extérieure. Les temps sont passés où l'on faisait état dans ce but, de pilules d'antimoine, qui descendaient, par l'effet de la pesanteur, en balançant tout devant elles.

Le plus expédient est d'utiliser, si possible, l'automatisme de l'intestin, c'est-à-dire ces mouvements réflexes, qu'on appelle « vermiculaires » parce qu'ils rappellent effectivement la reptation de la chenille. Malheureusement le tube digestif ne s'engorge guère que quand il est devenu atone, quand, par conséquent, il ne réagit plus. Il faut donc commencer par le déshabituer de sa paresse.

Rien ne vaut, à ces divers points de vue, tous également essentiels, une bonne cure de Jubol. En effet, c'est l'agar-agar, véritable gélatine végétale, qui s'extrait de certaines algues, et dont les caractéristiques sont d'être neutre, partant inoffensive, mucilagineuse, foisonnante, à peu près inattaquable aux ferments digestifs et très avide d'eau. Introduite dans l'intérieur, cette espèce de gomme s'empare de toute l'eau disponible ; elle gonfle, elle fait éponge, elle dilate l'intestin, en même temps qu'elle le lubrifie et le stimule. Cela suffit souvent pour provoquer le résultat.

Mais il peut arriver que la constipation est tellement invétérée et rebelle qu'elle résiste à toutes les excitations, à tous les graissages, à toutes les excitations mécaniques. Aussi le créateur du Jubol a-t-il à bon droit cru devoir ajouter à l'agar-agar les extraits biliaires et les extraits totaux des glandes gastro-intestinales dont la fonction bio-chimique est précisément d'amorcer et d'entretenir les réactions, soit quelque chose comme un piston combiné de telle façon que, tout en entraînant avec lui les matières, il les dissoudrait au fur et à mesure et désincrusterait les parois, avec toutefois cette particularité précieuse, que les principes actifs mis en jeu étant empruntés à l'organisme lui-même, ne peuvent jamais avoir d'action nocive sur les tissus intéressés.

Par le fait, le Jubol procède à l'instar de la nature elle-même, et par les mêmes moyens. Il n'a rien de commun avec les purgatifs, dont la brutalité est toujours inquiétante. Il ne force pas la porte ; il la remet en état de s'ouvrir toute seule. Il ne violente pas ; il réveille, rééduque et libère. C'est l'écouvillon idéal.

Dr J.-L.-S. Botal.

N.-B. — On trouve le Jubol dans toutes les bonnes pharmacies et aux établissements Chatelain, 2 *bis*, rue de Valenciennes, Paris. — La boîte franco 5 francs. Les 6 boîtes (cure intégrale) franco 27 francs. Envoi sur le front.